Contents
Sommaire/Inhalt

Preface

Horn Sight-Reading aims to establish good practice and provide a comprehensive source of material to enable the player to prepare for this most important skill.

Ideally, sight-reading in some form should become a regular part of a student's routine each time they play.

This book offers the opportunity to establish the habit from the earliest stages of playing and follows a logical sequence of progression in range of notes, variety of times, keys and rhythms to cover the whole spectrum of French horn playing including transposition.

A glossary of musical terms is provided to help the student to learn them and those used are given at the introduction to each section.

There are 11 sections beginning with the notes C and D and with basic note values. Phrasing, dynamics, rhythms and articulations are introduced gradually as are terms of tempo and expression. The emphasis is on providing idiomatic tunes and structures rather than sterile sight-reading exercises. Each section begins with several solo examples and concludes with duets and an accompanied piece, enabling the player to gain experience of sight-reading within the context of ensemble playing.

The value of duets in this book cannot be over emphasised as it gives the opportunity to listen to another player, aids good time keeping and assists with intonation and the development of a good tone. The final pieces at the end of each section offer the chance to read a short piece with a piano accompaniment.

All pieces are for **Horn in F** unless otherwise stated.

Section 1 starts with notes C and D together with simple rhythms and time signatures.

Section 2 makes use of the notes C to G and adds the dotted minim and the new time signature of 2/4.

Section 3 adds the F# and B♭ and the new keys of G major and C minor. 3/4 time is introduced and with it the ♩. ♪♪ rhythm.

Section 4 extends to range from A to A, the new keys of E minor, D minor and D major and ♪♪ both tongued and slurred.

Section 5 extends the range further from A to C, adds the notes D#, C# and D# and the keys of A major and minor, F and B♭ major.

Section 6 introduces 3/8 time and then compound times of 6/8 and 9/8. The range extends from A to E♭ with the keys of E♭ and A♭ major, G and C minor. Dynamics and performance directions are also given.

Section 7 In this section keys of up to 4#'s and 4♭'s are used together with triplets in simple time and the new time signatures of 5/4, 5/8, 7/4 and 3/2.

Section 8 introduces **transposition** together with semiquavers and some chromatic movement.

Section 9 offers more transposition and pieces using syncopation.

Section 10 offers yet more transposition, chromatic and modal tonalities.

Section 11 offers a range of styles from Baroque to Atonal and employs both double sharps and flats.

To the pupil: why sight-reading?

Apart from the fact that some examination boards require a test of reading at sight, whenever you are faced with a new piece, whether at home or in a lesson or audition, there is no one there to help you – only yourself! The ability to read the time and notes correctly and to observe the phrasing and dynamics quickly is probably the most important skill for you to acquire.

The aim of the book is to help you to teach yourself. The book gives guidance on what to look for and how best to prepare in a very short time by observing the time and key signatures, the shape of the melody and the marks of expression. These short pieces progress gradually to help you build up your confidence and observation and enable you to sight-read accurately. At the end of each section there are duets to play with your teacher or friends and pieces with piano accompaniment, which will test your ability to sight-read while something else is going on. This is a necessary skill when playing with a band, orchestra or other ensemble.

If you sight-read something every time you play your French Horn you will be amazed how much better you will become. Remember, if you can sight-read most of the tunes you are asked to learn you will be able to concentrate on the 'tricky bits' and complete them quickly.

Think of the tunes in this book as 'mini-pieces' and try to learn them quickly and correctly. Then when you are faced with real sight-reading you will be well equipped to succeed on a first attempt.

You are on your own now!

Préface

Ce manuel de « Déchiffrage pour le cor » a été conçu afin d'instaurer de bonnes habitudes de travail et propose une source complète de matériaux permettant à l'instrumentiste de se préparer à cette compétence particulièrement importante.

Idéalement, quelle qu'en soit la forme, le déchiffrage devrait faire partie intégrante des exercices pratiqués par les élèves à chaque fois qu'ils prennent leur instrument.

Cet ouvrage offre l'occasion d'instaurer l'habitude du déchiffrage dès les premiers stades de la pratique instrumentale. Il suit une séquence logique de progression en termes de notes, tempos, tonalités et rythmes et aborde tous les aspects de la pratique du cor, y compris la transposition.

Un glossaire des termes musicaux permettra aux élèves de se les approprier. Les termes utilisés sont indiqués au début de chaque section correspondante.

Les sections sont au nombre de onze, en commençant par les notes *do* et *ré* et des valeurs de notes basiques. Le phrasé, les nuances, le rythme et les articulations sont introduits progressivement ainsi que les indications de tempo et d'expression. L'accent a été mis sur des airs et des structures propres à l'instrument plutôt que sur des exercices stériles de déchiffrage. Chaque section commence par différents morceaux pour cor seul et se termine par des duos et une pièce accompagnée, permettant ainsi à l'instrumentiste d'acquérir l'expérience du déchiffrage dans le contexte de la musique d'ensemble.

On ne soulignera jamais assez l'importance des duos figurant dans ce recueil, car ils sont l'occasion d'écouter un autre instrumentiste et favorisent la régularité du tempo ainsi que la justesse de l'intonation et le développement d'un joli son. Les pièces figurant à la fin de chaque section permettent ainsi de lire une pièce courte avec accompagnement de piano.

Sauf indication contraire, les pièces sont pour **cor en** *fa*.

La section 1 commence par les notes *do* et *ré* sur des figures rythmiques et des mesures simples.

La section 2 utilise les notes de *do* à *sol* et ajoute les blanches pointées et la mesure à 2/4.

La section 3 introduit le *fa*♯ et le *si*♭ ainsi que les nouvelles tonalités de *sol* majeur et *do* mineur, la mesure à 3/4 et avec elle, le rythme ♩ ♪♪

La section 4 élargit l'étendue des notes de *la* à *la*, introduit les nouvelles tonalités de *mi* mineur, *ré* mineur et *ré* majeur ainsi que les ♫, détachées et liées.

La section 5 élargit l'étendue des notes de *la* à *do*, ajoute le *ré*♯ et le *do*♯ et les tonalités de *la* majeur et mineur, *fa* et *si*♭ majeur.

La section 6 introduit la mesure à 3/8 puis les mesures composées à 6/8 et 9/8. L'étendue va de *la* à *mi*♭, avec les tonalités de *mi*♭ et *la*♭ majeur, *sol* et *do* mineur et la présence d'indications de nuances et de jeu.

La section 7 emploie des tonalités comportant jusqu'à 4♯ et 4♭ ainsi que le triolet en mesure binaire et les mesures à 5/4, 5/8, 7/4 et 3/2.

La section 8 introduit la **transposition** ainsi que les doubles croches et quelques mouvements chromatiques.

La section 9 propose de nouveaux exercices de transposition et des morceaux contenant des syncopes.

La section 10 propose encore davantage d'exercices de transposition et des tonalités chromatiques et modales.

La section 11 présente une série de styles du baroque à l'atonalité et emploie à la fois doubles dièses et doubles bémols.

À l'élève : Pourquoi le déchiffrage ?

Outre les épreuves de déchiffrages exigées par certains jurys, lorsque vous vous retrouvez face à une pièce nouvelle, que ce soit chez vous, en cours ou lors d'une audition, il n'y a personne pour vous aider – à part vous-même ! La capacité de lire correctement les notes et la mesure, et à rendre rapidement le phrasé et les nuances est probablement la compétence la plus importante que vous puissiez acquérir.

L'objectif de recueil est de vous aider à vous former de manière autonome. Il vous guide quant aux éléments à repérer et à la manière de vous préparer dans le temps le plus court possible en observant la mesure et la tonalité, la ligne mélodique et les indications expressives. Ces courtes pièces progressent pas à pas afin de vous aider à prendre de l'assurance et d'aiguiser vos capacités d'observation et vous permettre de lire à vue avec précision. Chaque section propose à la fin des duos à jouer avec votre professeur ou des amis ainsi que des pièces avec accompagnement de piano qui vous permettront de mettre à l'épreuve votre aptitude à déchiffrer pendant qu'il se passe autre chose. Il s'agit là d'une compétence indispensable lorsque l'on joue au sein d'un groupe, d'un orchestre ou d'un ensemble.

Vous serez surpris de vos progrès si vous déchiffrez quelque chose à chaque fois que vous prenez votre instrument. Rappelez-vous que si vous êtes capable de déchiffrer la plupart des morceaux que l'on vous demande d'étudier, vous serez davantage en mesure de vous concentrer sur les difficultés et les surmonterez rapidement.

Considérez les airs de ce recueil comme des « mini-morceaux » et essayez de les apprendre rapidement et correctement. Ainsi, lorsque vous serez placé dans une véritable situation de déchiffrage, vous serez armé pour réussir dès la première lecture.

À présent, c'est à vous de jouer !

Vorwort

Die Stücke in Vom-Blatt-Spiel auf dem Waldhorn sind nicht nur gute Übungen, sondern stellen auch eine umfassende Einführung in die wichtige Fähigkeit des Vom-Blatt-Lesens dar. Das Vom-Blatt-Spiel sollte zu einem festen Bestandteil im Übungsprogramm des Schülers werden, wann immer er sein Instrument in die Hand nimmt.

Das Buch bietet die Möglichkeit, sich das Vom-Blatt-Spiel von Anfang an anzugewöhnen. Neue Noten, Taktarten, Tonarten und Rhythmen werden in einer logischen Reihenfolge eingeführt, um das gesamte Spektrum des Trompetenspiels einschließlich Transposition abzudecken.

Ein Glossar mit musikalischen Begriffen soll den Schülern beim Erlernen dieser Begriffe helfen. Die verwendeten Begriffe werden zu Beginn jedes Teils genannt.

Das Buch besteht aus elf Teilen. Man beginnt entweder mit C und D und einfachen Notenwerten. Nach und nach werden Phrasierung, Dynamik, Rhythmen und Artikulation sowie Tempo- und Vortragsangaben eingeführt. Der Schwerpunkt liegt auf authentischen Melodien und Strukturen statt auf sterilen Vom-Blatt-Leseübungen. Jeder Teil beginnt mit mehreren Solobeispielen und endet mit Duetten und begleiteten Stücken, die dem Schüler die Möglichkeit bieten, beim gemeinsamen Musizieren Erfahrungen im Vom-Blatt-Spiel zu sammeln.

Die Duette in diesem Buch haben einen hohen Stellenwert, da sie die Gelegenheit bieten, einem anderen Spieler zuzuhören. Außerdem helfen sie, den Takt zu halten sowie die Intonation und den Klang zu verbessern. Die letzten Stücke am Ende jedes Teils bieten die Gelegenheit, ein kurzes Stück mit Klavierbegleitung vom Blatt zu spielen.

Alle Stücke sind für **F-Horn** notiert, wenn nicht anders angegeben.

Teil 1 beginnt mit den Noten C und D und enthält einfache Rhythmen und Taktarten.

Teil 2 enthält die Noten C bis G sowie die punktierte Halbe und als neue Taktart den 2/4-Takt.

In Teil 3 kommen Fis und B sowie die neuen Tonarten G-Dur und c-Moll hinzu. Der 3/4-Takt wird in Verbindung mit dem ♩ ♪♩ Rhythmus eingeführt.

Teil 4 enthält den erweiterten Tonumfang von A bis A, die neuen Tonarten e-Moll, d-Moll und D-Dur sowie ♫ sowohl mit Zungenstoß als auch gebunden.

In Teil 5 wird der Tonumfang auf A bis C erweitert, und die Noten Cis, Gis und Dis sowie die Tonarten A-Dur und a-Moll, F-Dur und B-Dur werden eingeführt.

In Teil 6 werden der 3/8-Takt und die zusammengesetzten Taktarten 6/8 und 9/8 vorgestellt. Der Tonumfang wird auf A bis Es erweitert, und die Tonarten Es-Dur, As-Dur, g-Moll und c-Moll kommen hinzu. Außerdem werden dynamische Zeichen und Vortragsangaben eingeführt.

Teil 7 Dieser Teil enthält Tonarten mit bis zu vier Kreuzen und Bes sowie Triolen in einfachen Taktarten und die neuen Taktarten 5/4, 5/8, 7/4 und 3/2.

In Teil 8 werden die **Transposition** sowie Sechzehntel und einige chromatische Bewegungen vorgestellt.

Teil 9 enthält weitere Transpositionen und Stücke mit Synkopen.

Teil 10 enthält noch mehr Transpositionen sowie chromatische und modale Tonleitern.

In Teil 11 werden verschiedene Stilarten vom Barock bis zur atonalen Musik sowie Doppelkreuz und Doppel-Be vorgestellt.

An den Schüler: Warum Vom-Blatt-Spiel?

Abgesehen davon, dass einige Prüfungsgremien eine Prüfung im Vom-Blatt-Spiel verlangen, hilft dir niemand, wenn du zu Hause, im Unterricht oder bei einem Vorspiel ein neues Stück spielen willst – nur du selbst! Die Fähigkeit, Taktart und Noten korrekt zu lesen und die Phrasierung und Dynamik schnell zu erfassen, ist wahrscheinlich das Wichtigste, was du erlernen kannst.

Ziel dieses Buches ist es, dir beim Selbstunterricht behilflich zu sein. Das Buch zeigt dir, worauf du achten sollst und wie du dich in sehr kurzer Zeit am besten vorbereitest. Das tust du, indem du dir Takt- und Tonart sowie den Verlauf der Melodie und die Ausdruckszeichen genau anschaust. Die kurzen Musikstücke steigern sich nur allmählich, um sowohl dein Vertrauen und deine Beobachtungsgabe aufzubauen als auch, um dich dazu zu befähigen, exakt vom Blatt zu spielen. Am Ende jeden Teils stehen Duette, die du mit deinem Lehrer oder deinen Freunden spielen kannst. Außerdem gibt es Stücke mit Klavierbegleitung, die deine Fähigkeit im Blatt-Spiel überprüfen, während gleichzeitig etwas anderes abläuft. Das ist eine wesentliche Fähigkeit, wenn man mit einer Band, einem Orchester oder einer anderen Musikgruppe zusammenspielt.

Wenn du jedes Mal, wenn du instrument spielst, auch etwas vom Blatt spielst, wirst du überrascht sein, wie sehr du dich verbesserst. Denke daran: wenn du die meisten Melodien, die du spielen sollst, vom Blatt spielen kannst, kannst du dich auf die „schwierigen Teile" konzentrieren und diese viel schneller beherrschen.

Stelle dir die Melodien in diesem Buch als „Ministücke" vor und versuche, sie schnell und korrekt zu lernen. Wenn du dann wirklich vom Blatt spielen musst, wirst du bestens ausgerüstet sein, um gleich beim ersten Versuch erfolgreich zu sein.

Jetzt bist du auf dich selbst gestellt!

Section 1 – Notes C and D
Section 1 – Notes *do* et *ré*
Teil 1 – Die Noten C und D

In this initial section you will be asked to read just 2 notes: C and D in the key of C major using 1 beat, 2 beat and 4 beat note values.

General tips
Always look at the rhythm first.
You should tap, clap or sing the rhythm before you play any notes. By doing this you will not only have looked at every note but also see if there is a pattern in either the rhythm or the shape of the melody.

Always try to keep going. This is easier if you choose a sustainable tempo and also give yourself at least one bar of counting before you begin.

Dans cette première section, on ne vous demandera de lire que 2 notes : le *do* et le *ré*, dans la tonalité de *do* majeur et sur des valeurs de notes de 1, 2 et 3 temps.

Indications générales
Considérez toujours le rythme en premier. À vous de le frapper, de le taper dans les mains ou de le battre avant de jouer les notes. Ce faisant, vous aurez non seulement lu chaque note, mais cela vous aura également permis d'identifier un éventuel motif rythmique ou mélodique.

Essayez toujours d'aller de l'avant. Cela vous sera plus facile si vous choisissez un tempo raisonnable et comptez une mesure avant de commencer.

Im ersten Teil musst du nur zwei Noten lesen: C und D in der Tonart C-Dur. Die Notendauer beträgt entweder einen Schlag, zwei Schläge oder vier Schläge.

Allgemeine Tipps
Sieh dir immer zuerst den Rhythmus an. Du solltest den Rhythmus klatschen, mit dem Fuß klopfen oder singen, bevor du die Noten spielst. Auf diese Weise schaust du dir nicht nur jede einzelne Note an, sondern siehst auch, ob im Rhythmus oder Melodieverlauf wiederkehrende Figuren (Patterns) vorkommen.

Du solltest versuchen, ohne Unterbrechungen zu spielen. Das ist einfacher, wenn du ein Tempo wählst, das du auch halten kannst und mindestens einen Takt einzählst, bevor du anfängst.

Section 1 – Notes C and D

Section 1 – Notes *do* et *ré*

Teil 1 – Die Noten C und D

Middle C (open)   *do* médian (ouvert)   Mittleres C (offen)

C (open) with D (1st valve)   *do* médian (ouvert)   Mittleres C (offen)
avec *ré* (1er piston)   mit D (1. Ventil)

Note against note   Note contre note   Erstes Zusammenspiel

Independent rhythms   Rythmes indépendants   Erweitertes Zusammenspiel

15.

16.

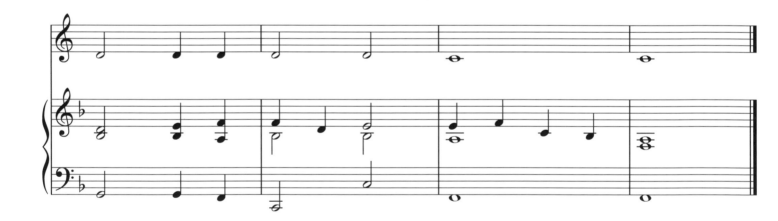

17.

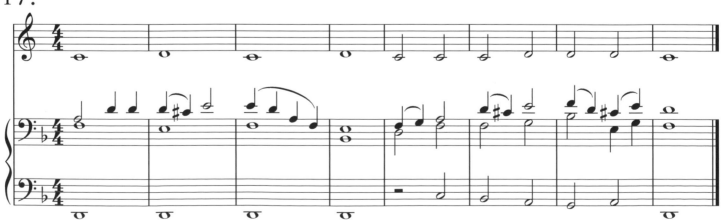

Section 2 – Notes C-G, 4/4 and 2/4 time, 𝅗𝅥., introducing slurs

Section 2 – Notes *do* à *sol*, mesure à 4/4 et 2/4, 𝅗𝅥., introduction des liaisons

Teil 2 – Die Noten C-G, 4/4- und 2/4-Takt, 𝅗𝅥., Bindebogen

You now have 5 notes to play from C to G in either 2 or 4-time.

General tips
Always look at the rhythm first. You should tap, clap or sing the rhythm before you play any notes.

Look at the shape of the notes. Notice where the melody rises and falls and also **notice the movement.** Do the notes move by step or miss out notes (skip)? Be on the lookout for **repeated notes** too.

Always try to keep a steady unbroken beat or pulse.

Cette fois, vous avez cinq notes à jouer, de *do* à *sol*, dans des mesures à 2 ou 4 temps.

Indications générales
Commencez toujours par étudier le rythme, que vous taperez, frapperez dans les mains ou chanterez avant de jouer la moindre note.

Observez la ligne des notes. Repérez les mouvements ascendants et descendants de la mélodie ainsi que leur nature : s'agit-il de **mouvements** conjoints ou disjoints ? Soyez également attentif aux **notes répétées.**

Tentez toujours de conserver une pulsation stable et régulière.

Jetzt musst du fünf Noten spielen: von C bis G, entweder im Zweier- oder Vierertakt.

Allgemeine Tipps
Sieh dir immer zuerst den Rhythmus an. Du solltest den Rhythmus klatschen, mit dem Fuß klopfen oder singen, bevor du die Noten spielst.

Sieh dir die Form der Noten an. Achte darauf, wo die Melodie steigt und fällt und **beachte auch die Intervalle.** Bewegen sich die Noten in Ganztonschritten, oder wird eine Note ausgelassen (übersprungen)? Außerdem solltest du auf **Tonwiederholungen** achten.

Probiere immer, einen ganz gleichmäßigen Beat bzw. Puls beizubehalten.

Section 2 – Notes C-G, 4/4 and 2/4 time, ♩., introducing slurs

Section 2 – Notes *do* à *sol*, mesure à 4/4 et 2/4, ♩., introduction des liaisons

Teil 2 – Die Noten C-G, 4/4- und 2/4-Takt, ♩., Bindebogen

New note E (open)　　　　　Nouvelle note : *mi* (ouvert)　　　　　Neue Note: E (offen)

Introducing 2/4 time　　　　　Introduction de la mesure à 2 temps　　　　　Einführung des 2/4-Takt

New note F (1st valve) Nouvelle note : *fa* (1er piston) Neue Note: F (1. Ventil)

22.

23.

24.

25.

New note G (open) Nouvelle note : *sol* (ouvert) Neue Note: G (offen)

26.

27.

28.

29.

30.

Note against note   Note contre note   Erstes Zusammenspiel

31.

Pupil/Elève/Schüler

Teacher/Professeur/Lehrer

Independent rhythms   Rythmes indépendants   Erweitertes Zusammenspiel

32.

33.

34.

35.

36.

Section 3 – Notes E♭ and F♯, new keys G major, C and E minors. Introducing 3/4 time and the dotted rhythm ♩. ♪♩

Section 3 – Notes mi♭ et fa♯, nouvelles tonalités de sol majeur, do et mi mineur. Introduction de la mesure à 3/4 et de rythmes pointés ♩. ♪♩

Teil 3 – Die Noten Es und Fis, neue Tonarten: G-Dur, c- und e-Moll. 3/4-Takt und punktierte Rhythmen ♩. ♪♩

You still have a 5 note range but with the addition of F♯ and E♭. Two new keys of C minor and G major and the introduction of 3-time and a new rhythm ♩. ♪♩

Always look at the rhythms first having checked the time signature and counting at least one bar of time before you begin.
It is useful to try to pitch the notes of each short piece at this stage. As well as improving your aural ability it will help with your pitch while playing.

Look for any repetition or patterns which occur in the rhythms or shape of the melody.

Always try to keep a steady unbroken beat or pulse.

Les 5 notes étudiées précédemment s'enrichissent du *fa♯* et du *mi♭*, des deux nouvelles tonalités de *do* mineur et *sol* majeur ainsi que de l'introduction des mesures ternaires et d'un nouveau rythme ♩. ♪♩

Après avoir verifié la mesure, **commencez toujours par étudier le rythme** et comptez au moins une mesure avant de commencer.
À ce stade, il est utile de travailler la justesse des notes de chaque petit morceau. Tout en améliorant votre oreille, cela vous aidera à conserver une bonne intonation en jouant.

Repérez toute répétition ou motif se dégageant du rythme ou de la ligne mélodique.

Veillez toujours à conserver une pulsation stable et continue.

Der Tonumfang beträgt immer noch fünf Noten, enthält aber die neuen Noten Fis und Es. Zwei neue Tonarten, c-Moll und g-Moll, der 3/4-Takt sowie der neue Rhythmus ♩. ♪♩ kommen hinzu.

Schau dir zuerst die Rhythmen an, nachdem du dir die Tonart angesehen und mindestens einen Takt eingezählt hast, bevor du anfängst.
Es ist sinnvoll, in diesem Stadium die Noten jedes kurzen Stückes anzuspielen. Das verbessert nicht nur dein Gehör, sondern auch die Intonation während des Spiels.

Achte auf Wiederholungen oder Patterns im Rhythmus und Melodieverlauf.

Versuche, durchgängig den Takt zu halten.

Section 3 – Notes E♭ and F♯, new keys G major, C and E minors. Introducing 3/4 time and the dotted rhythm ♩. ♪♪

Section 3 – Notes *mi*♭ et *fa*♯, nouvelles tonalités de *sol* majeur, *do* et *mi* mineur. Introduction de la mesure à 3/4 et de rythmes pointés ♩. ♪♪

Teil 3 – Die Noten Es und Fis, neue Tonarten: G-Dur, c- und e-Moll. 3/4-Takt und punktierte Rhythmen ♩. ♪♪

Key: C minor
New note: E♭ (2nd valve)

Tonalité : *do* mineur
Nouvelle note : *mi*♭ (2e piston)

Tonart: c-Moll
Neue Note: Es (2. Ventil)

New key: G major   Nouvelle tonalité : *sol* majeur   Neue Tonart: G-Dur
New note: F♯ (2nd valve)   Nouvelle note : *fa*♯ (2e piston)   Neue Note: Fis (2. Ventil)

New key: G minor   Nouvelle tonalité : *sol* mineur   Neue Tonart: g-Moll
Notes, both E♭ and F♯   Nouvelles notes : *mi*♭ et *fa*♯   Noten, sowohl Es als auch Fis

Introducing 3/4 time   Introduction de la mesure à 3 temps   Einführung des 3/4-Taktes
Key: C major   Tonalité : *do* majeur   Tonart: C-Dur

Introducing ♩. ♪♩   Introduction de ♩. ♪♩   Einführung des ♩. ♪♩
Key: G major   Tonalité : *sol* majeur   Tonart: G-Dur

50.

Key: C major　　　　　　　　Tonalité : *do* majeur　　　　　　　　Tonart: C-Dur

51.

Key: C minor　　　　　　　　Tonalité : *do* mineur　　　　　　　　Tonart: c-Moll

52.

Note against note　　　　　　　　Note contre note　　　　　　　　Erstes Zusammenspiel

53. Pupil/Elève/Schüler

Teacher/Professeur/Lehrer

Independent rhythms　　　　　　　　Rythmes indépendants　　　　　　　　Erweitertes Zusammenspiel

54.

Key: C minor   Tonalité : *do* mineur   Tonart: c-Moll

55.

56.

57.

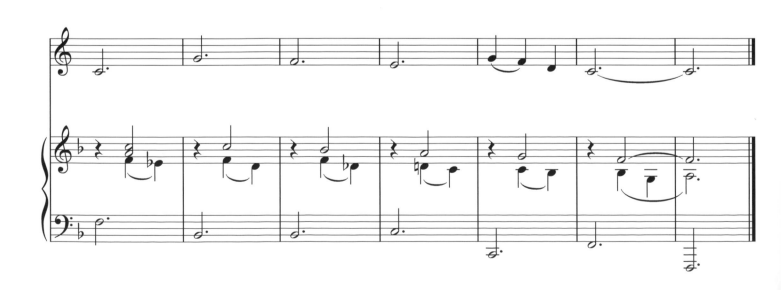

Section 4 – Range A-A, new keys E and D minor, D major, introducing ♫, 3 time, quavers and dotted rhythms

Section 4 – Échelle de *la* à *la*, nouvelles tonalités de *mi* et *ré* mineur, *ré* majeur, introduction de ♫, mesure ternaire, croches et rythmes pointés

Teil 4 – Tonumfang A-A, neue Tonarten: e- und d-Moll, D-Dur, Einführung der ♫, Dreiertakt, Achtel und punktierte Rhythmen

Your range has now extended to one octave with the notes A to A. Three new keys are introduced: E and D minors and D major, as well as the new rhythm ♫

It is still vital that you **work through the rhythm first.** You can still tap, clap or sing, and it is always best if you can pitch the notes too before you start to play.

Only after you have worked out the **rhythm**, looked to see what **repetition** occurs and the shape of each phrase can you hope to play the piece with **accuracy.**

Aim to keep moving, even if you have played a wrong note. Do not stop!

L'étendue de vos notes est maintenant d'une octave, allant de *la* à *la*. Trois nouvelles tonalités sont introduites, à savoir *mi* et *ré* mineur, et *ré* majeur, ainsi que le nouveau rythme ♫

Il reste capital que **vous travailliez le rythme en premier.** Vous pouvez le frapper, le taper dans les mains ou le chanter. De même, il est toujours préférable de travailler la justesse des notes avant de commencer.

Vous ne pourrez espérer jouer la pièce **de manière appropriée** qu'après avoir travaillé le **rythme**, repéré les **répétitions** et les mouvements de la ligne mélodique de chaque phrase.

Allez toujours de l'avant, même si vous avez fait une fausse note. Ne vous arrêtez pas !

Dein Tonumfang wird jetzt auf eine Oktave (A bis A) erweitert. Es gibt drei neue Tonarten: e-Moll, d-Moll und D-Dur sowie den neuen Rhythmus ♫

Es ist immer noch wichtig, dass du **zuerst den Rhythmus durcharbeitest.** Du kannst ihn klopfen, klatschen oder singen, und am besten spielst du auch die Noten an, bevor du anfängst.

Erst wenn du den **Rhythmus** herausgearbeitet hast, dir die **Wiederholungen** und den Verlauf jeder Phrase angeschaut hast, hast du gute Chancen, das Stück **korrekt** zu spielen.

Du solltest immer weiterspielen, auch wenn du eine falsche Note gespielt hast. Hör nicht auf!

Section 4 – Range A-A, new keys E and D minor, D major, introducing ♫, 3 time, quavers and dotted rhythms

Section 4 – Échelle de *la* à *la*, nouvelles tonalités de *mi* et *ré* mineur, *ré* majeur, introduction de ♫, mesure ternaire, croches et rythmes pointés

Teil 4 – Tonumfang A-A, neue Tonarten: e- und d-Moll, D-Dur, Einführung der ♫, Dreiertakt, Achtel und punktierte Rhythmen

New note: upper A   Nouvelle note : *la* aigu   Neue Note: Hohes A

Introducing ♫   Introduction de ♫   Einführung des ♫
Key: G major   Tonalité : *sol* majeur   Tonart: G-Dur

Key: C major   Tonalité : *do* majeur   Tonart: C-Dur
New note: low B   Nouvelle note : *si*   Neue Note: H

63.

Key: G major   Tonalité : *sol* majeur   Tonart: G-Dur

64.

New key: D minor   Nouvelle tonalité : *ré* mineur   Neue Tonart: d-Moll

65.

66.

New key: D major   Nouvelle tonalité : *ré* majeur   Neue Tonart: D-Dur

67.

68.

26

Key: D minor — Tonalité : *ré* mineur — Tonart: d-Moll
New note: low A — Nouvelle note : *la* — Neue Note: A

69.

Key: A minor — Tonalité : *la* mineur — Tonart: a-Moll

70.

Key: G major — Tonalité : *sol* majeur — Tonart: G-Dur

71.

New key: E minor — Nouvelle tonalité : *mi* mineur — Neue Tonart: e-Moll

72.

73.

Key: G major — Tonalité : *sol* majeur — Tonart: G-Dur

74.

Key: D minor   Tonalité : *ré* mineur   Tonart: d-Moll

75.

Pupil/Elève/Schüler

Teacher/Professeur/Lehrer

Key: C minor   Tonalité : *do* mineur   Tonart: c-Moll

76.

Key: B minor   Tonalité : *si* mineur   Tonart: b-Moll

77.

78.

79.

Section 5 – Range A-C. New notes C♯ and D♯.
Keys of A minor, A major, F major and B♭ major

Section 5 – Notes de *la* à *do*. Nouvelles notes *do*♯ et *ré*♯.
Tonalités de *la* mineur, *la* majeur, *fa* majeur et *si*♭ majeur

Teil 5 – Tonumfang A-C. Neue Noten: Cis und Dis. Tonarten a-Moll,
A-Dur, F-Dur und B-Dur

A further extension of the range to 10 notes, A to C together with the new keys of A, F and B♭ majors and A minor with additional notes of C♯, G♯ and D♯/E♭.

Some pieces will start on notes other than the 1st beat of the bar so it is essential to **count yourself** in and work out the rhythm clearly before you play. Reading just the rhythm will make sure that you have looked at every note as this provides the opportunity to see where the necessary sharps and flats are required. Watch out for additional accidentals, particularly in minor keys.

As your pieces gradually get longer it becomes even more important to look for patterns in time or pitch and to be aware of sequences. A sequence is a repeated melodic phrase which either rises or falls, generally by step.

Always try to play musically and to keep a regular pulse.

Votre étendue est désormais de 10 notes, de *la* à *do*, enrichies du *do*♯, du *sol*♯ et du *ré*♯/*mi*♭ et des nouvelles tonalités de *la*, *fa* et *si*♭ majeur ainsi que la mineur.

Certains morceaux ne commenceront pas sur le premier temps de la mesure, aussi est-il essentiel de **vous mettre dans le rythme** et de le travailler précisément avant de jouer. Faire une lecture rythmique vous assurera d'avoir lu chaque note et d'avoir repéré les dièses et les bémols nécessaires. Notez également les altérations accidentelles, en particulier dans les tonalités mineures.

Les morceaux devenant progressivement plus longs, il devient encore plus important d'identifier les motifs rythmiques ou mélodiques et de prendre conscience des différentes séquences. Une séquence est une phrase mélodique répétée, ascendante ou descendante, en général par mouvement conjoint.

Essayez toujours de jouer avec musicalité et de garder une pulsation régulière.

Hier wird der Tonumfang auf zehn Noten (A bis C) erweitert. Außerdem kommen die neuen Tonarten A-, F- und B-Dur sowie a-Moll und die Noten Cis, Gis und Dis/Es hinzu.

Einige Stücke beginnen nicht auf der Eins. Daher musst du immer **einzählen** und den Rhythmus herausarbeiten, bevor du spielst. Wenn du dich erst einmal nur mit dem Rhythmus befasst, ist gewährleistet, dass du dir jede Note anschaust und weißt, wo die Kreuze und Bes sind, die du spielen musst. Achte auch auf zusätzliche Versetzungszeichen, vor allem in Molltonarten.

Da die Stücke immer länger werden, ist es noch wichtiger, auf Patterns in Bezug auf Takt oder Töne sowie auf Sequenzen zu achten. Eine Sequenz ist eine Wiederholung einer Melodiephrase, die meist stufenweise entweder steigt oder fällt.

Versuche immer ausdrucksvoll zu spielen und den Takt zu halten.

Section 5 – Range A-C. New notes C# and D#.
Keys of A minor, A major, F major and B♭ major

Section 5 – Notes de *la* à *do*. Nouvelles notes *do#* et *ré#*

Tonalités de *la* mineur, *la* majeur, *fa* majeur et *si♭* majeur

*Teil 5 – Tonumfang A-C. Neue Noten: Cis und Dis. Tonarten a-Moll,
A-Dur, F-Dur und B-Dur*

Key: C major · Tonalité : *do* majeur · Tonart: C-Dur

80.

Key: F major · Tonalité : *fa* majeur · Tonart: F-Dur

81.

This begins on the 4th beat of the bar in 4-time. Count 1 2 3 before you begin.
Key: A minor

Cette pièce débute sur le 4e temps d'une mesure à 4 temps. Comptez 1, 2, 3, avant de commencer.
Tonalité : *la* mineur

Dieses Stück beginnt auf dem vierten Schlag in einem 4/4-Takt. Zähle 1 2 3 vor, bevor du anfängst.
Tonart: a-Moll

82.

This begins on the 4th beat of the
bar in 4-time. Count 1 2 3 before
you begin.
Key: A minor

Cette pièce débute sur le 4e temps
d'une mesure à 4 temps. Comptez
1, 2, 3, avant de commencer.
Tonalité : *la* mineur

Dieses Stück beginnt auf dem
vierten Schlag in einem 4/4-Takt.
Zähle 1 2 3 vor, bevor du anfängst.
Tonart: a-Moll

83.

Key: A minor

Tonalité : *la* mineur

Tonart: a-Moll

84.

Key: D minor

Tonalité : *ré* mineur

Tonart: d-Moll

85.

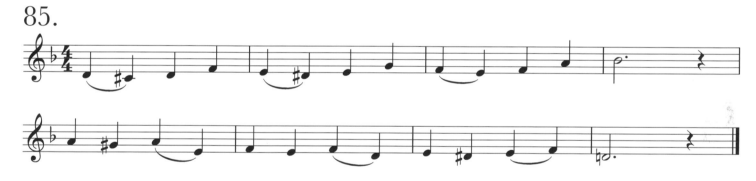

Key: E minor

Tonalité : *mi* mineur

Tonart: e-Moll

86.

87.

88.

This begins on the 4th beat of the bar in 4-time. Count 1 2 3 before you begin.
Key: A major

Cette pièce débute sur le 4e temps d'une mesure à 4 temps. Comptez 1, 2, 3, avant de commencer.
Tonalité : *la* majeur

Dieses Stück beginnt auf dem vierten Schlag in einem 4/4-Takt. Zähle 1 2 3 vor, bevor du anfängst.
Tonart: A-Dur

89.

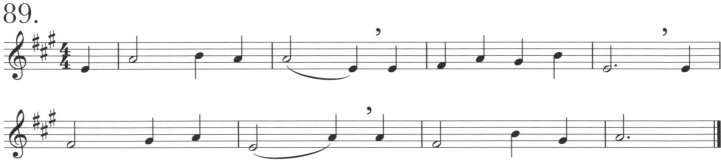

90.

91.

Key: B♭ minor

Tonalité : *si*♭ majeur

Tonart: B-Dur

92.

This begins on the 3rd beat of the bar in 3-time. Count 1 2 3 1 2 before you begin

Cette pièce débute sur le 3e temps d'une mesure à 3 temps. Comptez 1, 2, 3, 1, 2, avant de commencer

Dieses Stück beginnt auf dem dritten Schlag in einem 3/4-Takt. Zähle 1 2 3 1 2 vor, bevor du anfängst

93.

This begins on the 4th beat of the bar in 4-time. Count 1 2 3 before you begin.

Cette pièce débute sur le 4e temps d'une mesure à 4 temps. Comptez 1, 2, 3, avant de commencer

Dieses Stück beginnt auf dem vierten Schlag in einem 4/4-Takt. Zähle 1 2 3 vor, bevor du anfängst

94.

95.

96.

97.

98.

99.

100.

101.

Section 6 – New Keys: E♭ and A♭ major.
New time signatures of 3/8, 6/8 and 9/8

Section 6 – Nouvelles tonalités : *mi♭* et *la♭* majeur.
Nouvelles mesures à 3/8, 6/8 et 9/8

Teil 6 – Neue Tonarten: Es- und As-Dur.
Neue Taktarten: 3/8, 6/8 und 9/8

Using 3/8 as an introduction, this section concentrates of the **compound times of 6/8 and 9/8.** The range of notes extends from A to E♭ and the keys of E♭ major and A♭ major are introduced.

Also in this section some signs for **dynamics** are introduced together with indications for the appropriate tempo and style by way of **performance directions.**

The signs and terms used in this section are:

Utilisant la mesure à 3/8 en guise d'entrée en matière, cette section se concentre sur les **mesures composées à 6/8 et 9/8** les nouvelles tonalités de *mi♭* majeur et *la♭* majeur. L'échelle des notes s'étend de la à *mi♭*.

Quelques signes **dynamiques** y sont également introduites, ainsi que des indications de tempo et de style par le biais d'**indications de jeu.**

Les signes et les termes utilisés ici sont les suivants :

Nach der Einführung des 3/8-Takts konzentriert sich dieser Teil auf die **zusammengesetzten Taktarten 6/8 und 9/8.** Der Tonumfang wird auf A bis Es erweitert, und die Tonarten Es-Dur und As-Dur kommen hinzu.

Dieser Teil enthält außerdem einige **dynamische Zeichen** sowie Angaben zum richtigen Tempo und Stil in Form von **Vortragsangaben.**

Folgende Zeichen und Begriffe werden in diesem Teil verwendet:

p (piano)	softly/gently	doux	leise/sanft
mf (mezzoforte)	quite loudly/firmly	moyennement fort	mäßig laut
f (forte)	loud/strong	fort	laut (kräftig)
Adagio doloroso	slowly and sadly	lent et triste	langsam und traurig
Allegro	fast, lively	rapide	schnell
Allegretto	moderately fast but not as fast as Allegro	moins rapide qu'Allegro	gemäßigt schnell
Andante	at a moderate walking pace	allant	gehend
Andantino	a little faster than Andante	un peu plus vite qu'Andante	ein bisschenschneller als Andante
Cantabile	in a singing style	chantant	gesanglich
Coda	end section	partie finale	schluss
Con moto	with movement	avec mouvement	mit bewegung
Da Capo (D.C.)	back to the beginning	retour au début	zurück zum Anfang
Marcato	marked	marqué	markiert
Mesto	sadly	triste	traurig
Moderato	at a moderate tempo	modéré	in gemäßigtem Tempo
Poco adagio	a little slowly	un peu lent	ein wenig langsam
Poco lento	a little slowly	un peu lent	ein wenig langsam
Poco rall.	a little slower	retenue	zurückhaltend
Vivace	lively	vif	lebhaft
Vivo	quick, lively	vif, rapide	schnell, lebhaft

Section 6 – New Keys: E♭ and A♭ major.
New time signatures of 3/8, 6/8 and 9/8

Section 6 – Nouvelles tonalités : *mi*♭ et *la*♭ majeur.

Nouvelles mesures à 3/8, 6/8 et 9/8

Teil 6 – Neue Tonarten: Es- und As-Dur.

Neue Taktarten: 3/8, 6/8 und 9/8

Key: B♭ major   Tonalité : *si*♭ majeur   Tonart: B-Dur

102.

New key: E♭ major   Nouvelle tonalité : *mi*♭ majeur   Neue Tonart: Es-Dur

103.

Key: G minor   Tonalité : *sol* mineur   Tonart: g-Moll

104.

This begins on the 3rd beat of the bar in 3-time. Count 1 2 3 1 2 before you begin.
Key: D minor

Cette pièce débute sur le 3e temps d'une mesure à 3 temps. Comptez 1, 2, 3, 1, 2, avant de commencer.
Tonalité : *ré* mineur

Dieses Stück beginnt auf dem dritten Schlag in einem 3/4-Takt. Zähle 1 2 3 1 2 vor, bevor du anfängst.
Tonart: d-Moll

105.

These next pieces are in 6/8 time.
Key: C minor

Les pièces suivantes sont en 6/8.
Tonalité : *do* mineur

Die nächsten Stücke stehen im 6/8-Takt.
Tonart: c-Moll

106.

Key: E♭ major

Tonalité : *mi*♭ majeur

Tonart: Es-Dur

107.

This piece begins on the last quaver in 6/8 time. At this tempo count 1 (2 3) 2 (2 3) 1 (2 3) 2 (2) before you begin.
New key: A♭ minor

Cette pièce débute sur la dernière croche d'une mesure à 6/8. Comptez mentalment 1 (2 3) 2 (2 3) 1 (2 3) 2 (2) avant d'attaquer.
Nouvelle tonalité : *la*♭ majeur

Dieses Stück beginnt auf dem letzten Achtel in einem 6/8-Takt. Zähle 1 (2 3) 2 (2 3) 1 (2 3) 2 (2) bevor du anfängst.
Neue Tonart: As-Dur

108.

40

This piece begins on the last quaver in 6/8 time. At this tempo count 1 (2 3) 2 (2 3) 1 (2 3) 2 (2) before you begin.
New key: C minor

Cette pièce débute sur la dernière croche d'une mesure à 6/8.
Comptez mentalment 1 (2 3) 2 (2 3) 1 (2 3) 2 (2) avant d'attaquer.
Tonalité : *do* mineur

Dieses Stück beginnt auf dem letzten Achtel in einem 6/8-Takt. Zähle 1 (2 3) 2 (2 3) 1 (2 3) 2 (2) bevor du anfängst.
Tonart: c-Moll

109.

Key: E♭ major

Tonalité : *mi*♭ majeur

Tonart: Es-Dur

110.

The next 3 pieces are in 9/8 time. This piece begins on the 3rd beat in 3-time. Count 1 (2 3) 2 (2 3) before you begin

Les trois prochaines pièces sont en 9/8. Cette pièce débute sur le 3e temps d'une mesure à 3 temps. Comptez 1 (2 3) 2 (2 3) avant de commencer

Die nächsten 3 Stücke stehen im 9/8-Takt.
Dieses Stück beginnt auf dem dritten Schlag in einem 3/4-Takt. Zähle 1 (2 3) 2 (2 3) vor, bevor du anfängst

111.

This piece begins on the 3rd beat in 3-time. Count 1 (2 3) 2 (2 3) before you begin.
Key: A♭ major

Cette pièce débute sur le 3e temps d'une mesure à 3 temps. Comptez 1 (2 3) 2 (2 3) avant de commencer.
Tonalité : la♭ majeur

Dieses Stück beginnt auf dem dritten Schlag in einem 3/4-Takt. Zähle 1 (2 3) 2 (2 3) vor, bevor du anfängst.
Tonart: As-Dur

112.

This piece begins on the 3rd beat in 3-time. Count 1 (2 3) 2 (2 3) before you begin.
Key: E♭ major

Cette pièce débute sur le 3e temps d'une mesure à 3 temps. Comptez 1 (2 3) 2 (2 3) avant de commencer.
Tonalité : mi♭ majeur

Dieses Stück beginnt auf dem dritten Schlag in einem 3/4-Takt. Zähle 1 (2 3) 2 (2 3) vor, bevor du anfängst.
Tonart: Es-Dur

113.

114.

Adagio doloroso

poco rall.

115.

Poco lento

116.

Vivace – marcato

117.

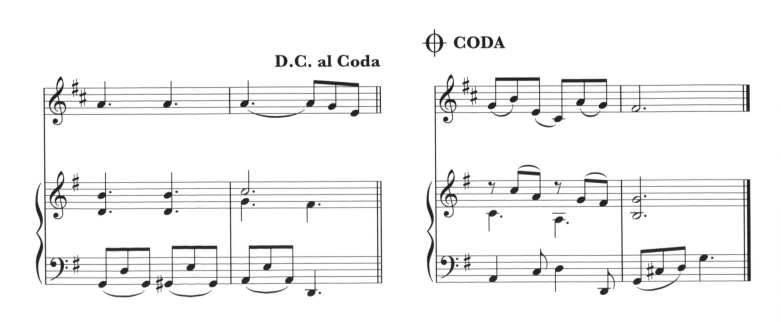

Section 7 – All keys up to 4♯'s and 4♭'s.
Triplets in simple time. 5/4, 5/8, 7/4 and 3/2

Section 7 – Toutes les tonalités jusqu'à 4♯ et 4♭.
Triolets en mesure binaire. 5/4, 5/8, 7/4 et 3/2

Teil 7 – Alle Tonarten mit bis zu vier Kreuzen und Bes.
Triolen in einfachen Taktarten. 5/4, 5/8, 7/4 und 3/2

This section incorporates **keys of up to 4 sharps and flats**, both major and minor. **Triplets** are used in simple time and the new time signatures of **5/4**, **5/8**, **7/4** and **3/2** are introduced.

With the addition of new time signatures a **correct count-in** and **study of the rhythms** prior to playing is even more vital.

Five time is generally divided into either 1 2, 1 2 3 or 1 2 3, 1 2. Seven time is generally 1 2, 1 2, 1 2 3 and 3/2 is 3 minim beats, and not too fast allowing for divisions of the beat.

These new times will bring **new patterns** for you to become familiar with, so careful and **thorough preparation is essential.**

Cette section inclut les **tonalités comportant jusqu'à 4 dièses ou 4 bémols**, à la fois en majeur et en mineur. Introduction des **triolets** en mesure binaire et des mesures à **5/4**, **5/8**, **7/4** et **3/2**.

L'étude du rythme et son appropriation avant de jouer est encore plus essentielle avec l'ajout de nouvelles mesures.

Les mesures à cinq temps se subdivisent généralement soit en 1 2, 1 2 3 ou 1 2 3, 1 2. Les mesures à sept temps correspondent en général à 1 2, 1 2, 1 2 3 et la mesure à 3/2 correspond à 3 pulsations à la blanche, pas trop rapides afin de permettre la subdivision de chaque temps.

Ces **nouvelles mesures** apporteront de nouveaux motifs rythmiques auxquels vous devrez vous familiariser, **d'où la nécessité d'une préparation soigneuse et détaillée.**

Dieser Teil enthält **Tonarten mit bis zu vier Kreuzen und Bes**, sowohl in Dur als auch in Moll. Außerdem werden **Triolen** in einfachen Taktarten und die neuen Taktarten **5/4**, **5/8**, **7/4** und **3/2** eingeführt.

Mit der Einführung der neuen Taktarten ist das korrekte Einzählen und Durcharbeiten des Rhythmus vor dem Spielen noch wichtiger.

Der 5/4-Takt wird meist entweder in 1 2, 1 2 3 oder 1 2 3, 1 2 unterteilt. Der 7/4-Takt wird meist in 1 2, 1 2, 1 2 3 unterteilt, und der 3/2-Takt besteht aus drei halben Noten und sollte nicht zu schnell sein, damit er gut unterteilt werden kann.

Diese neuen Taktarten enthalten **neue Patterns**, mit denen du dich vertraut machen solltest. Eine sorgfältige und gründliche **Vorbereitung ist somit unerlässlich.**

Performance directions used in this section: *Indications de jeu utilisées dans cette section :*   *Vortragsangaben in diesem Teil:*

Alla marcia	in march style	comme une marche	im marschstil
Allegretto	moderately fast but not as fast as Allegro	moins rapide qu'Allegro	gemäßigt schnell
Andante moderato	at a moderate walking pace	allure de marche modérée	mäßig gehend
A tempo	in time	reprendre l'allure précédente	rückkehr zum Ausgangstempo
Con brio	with life/energy	avec éclat	mit feuer
Con moto	with movement	avec mouvement	mit bewegung
Con spiritoso	with spirit	avec esprit	mit geist
Crescendo *(cresc.)*	gradually getting louder	de plus en plus fort	allmählich lauter werdend
Dolce	sweetly, gently	doux	süß
Legato	smoothly	doucement	gebunden
Mesto	sadly	triste	traurig
Moderato	at a moderate tempo	modéré	in gemäßigtem Tempo
Ritmico	rhythmically	rythmique	rhythmisch
Rit./ritenuto	gradually getting slower	ralentissant	allmählich langsamer werden
Tranquillo	calmly, peacefully	tranquille	ruhig

Section 7 – All keys up to 4#'s and 4♭'s.
Triplets in simple time. 5/4, 5/8, 7/4 and 3/2

Section 7 – Toutes les tonalités jusqu'à 4# et 4♭.

Triolets en mesure binaire. 5/4, 5/8, 7/4 et 3/2

Teil 7 – Alle Tonarten mit bis zu vier Kreuzen und Bes.

Triolen in einfachen Taktarten. 5/4, 5/8, 7/4 und 3/2

118.

119.

120.

121.

Con spiritoso

Introducing 5/4 time.	Introduction de la mesure à 5 temps.	Einführung des 5/4-Taktes.
This begins on the 4th beat of the bar in 5-time. Count 1 2 3 before you begin	Cette pièce débute sur le 4e temps d'une mesure à 5 temps. Comptez 1, 2, 3, avant de commencer	Dieses Stück beginnt auf dem vierten Schlag in einem 5/4-Takt. Zähle 1 2 3 vor, bevor du anfängst

122.

Allegretto

| This begins on the 5th beat of the bar in 5-time. Count 1 2 3 4 before you begin | Cette pièce débute sur le 5e temps d'une mesure à 5 temps. Comptez 1, 2, 3, 4, avant de commencer | Dieses Stück beginnt auf dem fünften Schlag in einem 5/4-Takt. Zähle 1 2 3 4 vor, bevor du anfängst |

123.

Tranquillo

48

Introducing 7/4 time.
A count of 1 2 1 2 1 2 3
before you play will help

Introduction de la mesure à 7 temps.
Comptez 1, 2, 1, 2, 1, 2, 3, avant de
commencer

Einführung des 7/4-Taktes.
Zähle 1 2 1 2 1 2 3 vor, bevor du
anfängst

124.

125.

126.

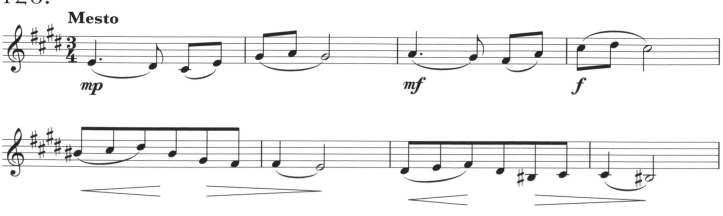

127.

New time signature: 3/2.
Count 1 2 3 before you begin

Nouvelle mesure à 3/2.
Comptez 1, 2, 3, avant de commencer

Neue Taktart: 3/2.
Zähle 1 2 3 vor, bevor du anfängst

128.

129.

130.

131.

132.

Section 8 – Transposing down a tone as for Horn in E♭. Semiquavers and some chromatic movement

Section 8 – Transposer un ton en dessous comme pour un cor en *mi♭*. Doubles croches et quelques mouvements chromatiques

Teil 8 – Einen Ton tiefer transponieren für Es-Horn. Sechzehntel und chromatische Bewegungen

Transposition is introduced but limited to transposing **down a tone** for **Horn in E♭**.

Other features introduced are the use of some chromatic movement and use of semiquavers.

Whether transposing or reading any piece for the first time it is still highly recommended that you **prepare the rhythm first** and then try to **pitch the notes and intervals** as accurately as you can. Use the performance directions to help you create a suitable tempo and style, and **always try to play musically.**

Awareness of **patterns** and **sequences** will always help your reading and in shaping your performance.

La transposition est introduite, mais se limite à la transposition **un ton en dessous pour cor en *mi♭*.**

L'utilisation de mouvements chromatiques et l'utilisation de doubles croches constituent d'autres éléments nouveaux.

Pour la transposition et la lecture de matériaux musicaux nouveaux, il est toujours particulièrement recommandé de **préparer d'abord le rythme** et de travailler ensuite **la justesse des notes et des intervalles** de manière aussi précise que possible. Utilisez les indications de jeu pour vous aider à créer le tempo et le style adaptés, et **veillez toujours à jouer avec musicalité.**

Prendre conscience des **motifs** et des **séquences** vous aidera toujours pour la lecture et la mise au point de votre interprétation.

Hier lernst du das **Transponieren** kennen. Zunächst transponierst du jedoch nur **einen Ton tiefer für Es-Horn.**

Ob du nun transponierst oder ein Stück zum ersten Mal vom Blatt spielst – es ist immer wichtig, dass du **zuerst den Rhythmus vorbereitest** und dann versuchst, die **Noten und Intervalle so korrekt** wie möglich zu spielen. Verwende die Vortragsangaben, um im richtigen Tempo und Stil zu spielen, und versuche immer, **ausdrucksvoll zu spielen.**

Das Erkennen von **Patterns** und **Sequenzen** erleichtert das Vom-Blatt-Spiel und verbessert deine Ausdrucksfähigkeit.

Performance directions used in this section: *Indications de jeu utilisées dans cette section :* *Vortragsangaben in diesem Teil:*

Andante espressivo	at a walking pace and expressive	à allure de la marche et expressif	gehend und ausducksvoll mit feuer
Andantino	a little faster than Andante	un peu plus vite qu'Andante	ein bisschenschneller als Andante
Cantabile	in a singing style	chantant	gesanglich
Con brio	with life/energy	avec éclat	mit feuer
Con spiritoso	with spirit	avec esprit	mit geist
Moderato	at a moderate tempo	modéré	in gemäßigtem Tempo
Ritmico	rhythmically	rythmique	rhythmisch
Vivace	lively	vif	lebhaft

Section 8 – Transposing down a tone as for Horn in E♭. Semiquavers and some chromatic movement

Section 8 – Transposer un ton en dessous comme pour un cor en *mi*♭. Doubles croches et quelques mouvements chromatiques

Teil 8 – Einen Ton tiefer transponieren für Es-Horn. Sechzehntel und chromatische Bewegungen

Transpose down a
tone into F major

Transposez un ton
en dessous, en *fa* majeur

Einen Ton abwärts
nach F-Dur transponieren

133.

Transpose down a
tone into E♭ major

Transposez un ton
en dessous, en *mi*♭ majeur

Einen Ton abwärts
nach Es-Dur transponieren

134.

Transpose down a
tone into D minor

Transposez un ton
en dessous, en *ré* mineur

Einen Ton abwärts
nach d-Moll transponieren

135.

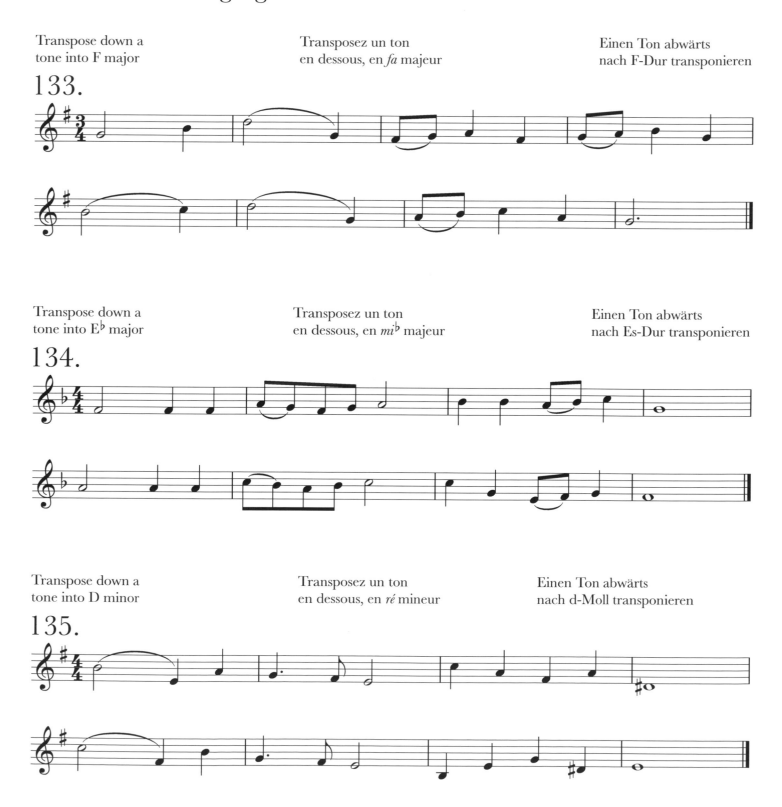

Transpose down a
tone into A minor

Transposez un ton
en dessous, en *la* mineur

Einen Ton abwärts
nach a-Moll transponieren

136.

Transpose down a
tone into C major

Transposez un ton
en dessous, en *do* majeur

Einen Ton abwärts
nach C-Dur transponieren

137.

Transpose down a
tone into C minor

Transposez un ton
en dessous, en *do* mineur

Einen Ton abwärts
nach c-Moll transponieren

138.

Horn in F
Introducing semiquavers

Cor en *fa*
Introduction des doubles croches

F-Horn
Einführung von Sechzehntel

139.

140.

141.

142.

143.

144.

145.

146.

147.

148.

149.

Section 9 – Further transposition. Syncopation
Section 9 – Transposition suite. Syncopes
Teil 9 – Weitere Transpositionen. Synkopen

Further examples in **transposition** begin this section, taking pieces to their new key by transposing either **up** or **down by a tone**, for Horn in G or E♭. For additional transposing exercises, pieces from earlier sections may be used.

The pieces in this section focus on **syncopation** – using rhythms where notes are placed **between the beats** or are **'anticipated'** by being moved forward by half a beat.

With the introduction of **syncopation** – a rhythmic device which enlivens the rhythm – it is even more essential to grasp the rhythm accurately before you attempt to play. Using the voice to **vocalise** is the best way to approach this.

Cette section commence par de nouveaux exemples de **transposition,** avec des morceaux à jouer dans leur nouvelle tonalité en les transposant **un ton plus haut ou plus bas**, pour cor en *sol* ou en *mi♭*. Les pièces des sections précédentes peuvent également être utilisées en guise de support à des exercices de transposition supplémentaires.

Les morceaux de cette section sont centrés sur les syncopes – ils emploient des rythmes dont les notes sont placées **entre les temps** ou « **anticipées** », c'est à dire avancées d'un demi temps.

Avec l'introduction de la **syncope** – une figure qui dynamise le rythme – il devient encore plus important de s'approprier correctement ce dernier avant de commencer à jouer. Utiliser la voix pour le **psalmodier** constitue la meilleure approche.

Am Anfang dieses Teils findest du weitere Beispiele zum **Transponieren**, d.h. die Stücke erhalten eine neue Tonart, indem sie **einen Ton höher oder tiefer** transponiert werden – für G- oder Es-Horn. [??? G-Horn???] Um das Transponieren zu üben, kannst du Stücke aus den vorherigen Teilen verwenden.

In den Stücken in diesem Teil geht es hauptsächlich um **Synkopen** – Rhythmen, bei denen die Noten **zwischen den Schlägen** platziert bzw. **„vorgezogen"** werden, indem sie einen halben Schlag früher gespielt werden.

Nach der Einführung der **Synkopierung** – ein rhythmisches Stilmittel, mit dem der Rhythmus interessanter gestaltet wird – ist es noch wichtiger, dass du dich intensiv mit dem Rhythmus befasst, bevor du spielst. Am besten setzt du deine Stimme ein, um den Rhythmus zu **„vokalisieren"**.

Performance directions used in this section: *Indications de jeu utilisées dans cette section :*   *Vortragsangaben in diesem Teil:*

Allegro moderato	moderately fast, not as fast as Allegro	moins rapide qu'Allegro	nicht so schnell wie Allegro
Andante moderato	at a moderate walking pace	allure de marche modérée	mäßig gehend gehend
Cantabile	in a singing style	chantant	gesanglich
Con brio	with vigour	avec éclat	mit feuer
Crescendo *(cresc.)*	gradually getting louder	de plus en plus fort	allmählich lauter werdend
Diminuendo	gradually getting quieter	de plus en plus doux	allmählich leiser werdend
Jazz Waltz	a waltz generally with syncopation in alternate bars	valse généralement syncopée en mesures alternés	walzer, der viele Synkopen enthält
Moderato	at a moderate tempo	modéré	in gemäßigtem Tempo
Poco allegro	a little fast	un peu rapide	ein wenig schnell
Poco a poco	little by little	peu à peu	nach und nach
Ragtime	an early jazz style, heavily syncopated	style de jazz syncopé	ein früher Jazzstil mit synkopierter Melodie
Ritmico	rhythmically	rythmique	rhythmisch
Vivace	lively	vif	lebhaft

Section 9 – Further transposition. Syncopation

Section 9 – Transposition suite. Syncopes

Teil 9 – Weitere Transpositionen. Synkopen

For Horn in E♭
Transpose down a
tone into A♭ major

Cor en *mi*♭
Transposez un ton
en dessous, en *la*♭ majeur

Für Es-Horn
Einen Ton abwärts
nach As-Dur transponieren

150.

Transpose down a
tone into D major

Transposez un ton
en dessous, en *ré* majeur

Einen Ton abwärts
nach D-Dur transponieren

151.

Transpose down a
tone into F♯ minor

Transposez un ton
en dessous, en *fa*♯ mineur

Einen Ton abwärts
nach Fis-Dur transponieren

152.

64

153.

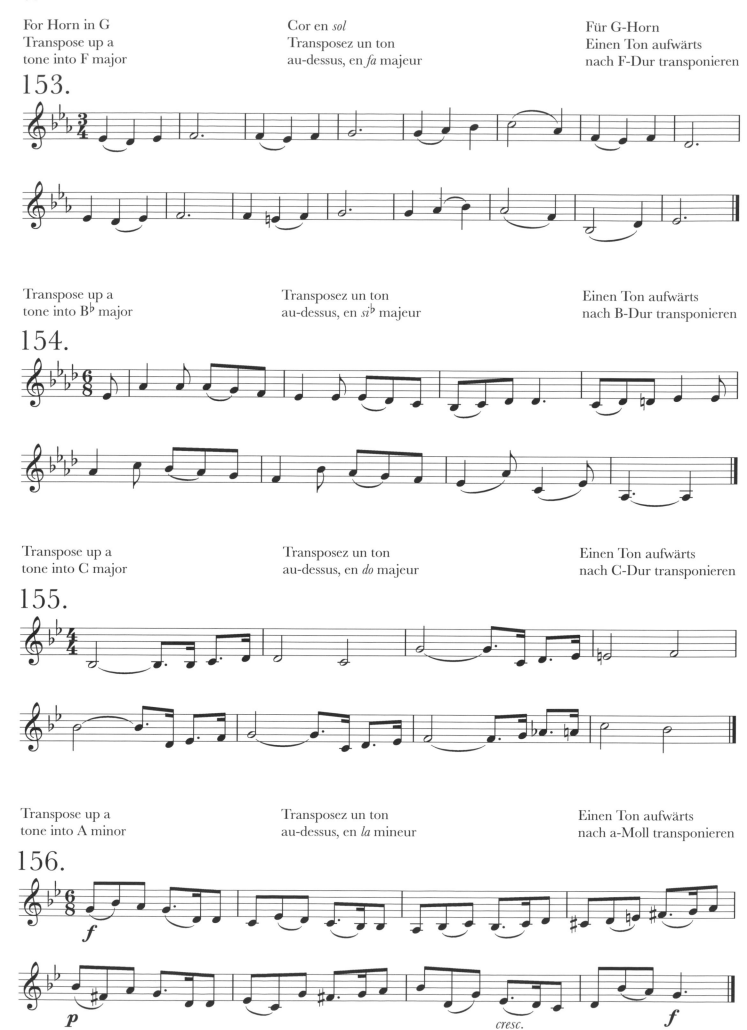

154.

155.

156.

157.

158.

159.

160.

161.

Ragtime

162.

163.

Jazz waltz

poco a poco dim - in - u - en - do

164.

Allegro moderato

165.

Ragtime

166.

Poco allegro

167.

Section 10 – Transpositions of a minor 3rd and perfect 5th. Chromatic and modal tonalities

Section 10 – Transposition de la 3ce mineure et de la 5te juste. Tonalités chromatiques et modales

Teil 10 – Transponieren um eine kleine Terz und reine Quinte. Chromatische und modale Tonleitern

This section contains further exercises in **transposition** that can also be read and played in their written keys. Previous sections too can provide additional material suitable for transposition. In section 10 these are suggested for transpositions of a minor 3rd, perfect 4th and perfect 5th, as for Horns in D, C and B♭ basso.

The main emphasis in the solo pieces is on exploring chromatic and modal tonalities.

It remains essential to prepare your reading both quickly and efficiently by looking at the **key-signature**, **time-signature**, **style** and **tempo**, and to check for patterns and additional accidentals.

Always aim to give a fluent and musical interpretation.

Cette section contient d'autres exercices de **transposition** qui peuvent également être lus et joués dans leur clé d'origine. Les morceaux des sections précédentes pourront également servir de support à des exercices de transposition. Ceux de la 10e section sont plus spécifiquement pensés pour une transposition à la tierce mineure, à la quarte juste et à la quinte juste, comme pour les cors en *ré*, en *ut* et le cor basse en *si*♭.

Les morceaux pour cor seul explorent davantage les tonalités chromatiques et modales.

Il demeure primordial de préparer votre lecture à la fois rapidement et efficacement en prenant bonne note de l'**armure**, de la **mesure**, du **style** et du **tempo** et en identifiant les éventuels motifs et altérations accidentelles.

Veillez toujours à donner une interprétation fluide et musicale.

Dieser Teil enthält weitere Übungen zum **Transponieren**, die aber auch in der jeweiligen notierten Tonart gespielt werden können. In den vorherigen Teilen findest du weitere Stücke, die zum Transponieren geeignet sind. In Teil 10 kannst du sie um eine kleine Terz, eine reine Quarte bzw. eine reine Quinte transponieren – für Horn in D, C und B-Horn.

Der Schwerpunkt der Solostücke liegt auf dem Erlernen chromatischer und modaler Tonleitern.

Es ist nach wie vor sehr wichtig, das Vom-Blatt-Spiel schnell und effizient vorzubereiten, indem du dir **Tonart**, **Taktart**, **Stil** und **Tempo** anschaust und auf Patterns und zusätzliche Versetzungszeichen achtest.

Du solltest versuchen, immer flüssig und ausdrucksvoll zu spielen.

Performance directions used in this section: *Indications de jeu utilisées dans cette section :*   *Vortragsangaben in diesem Teil:*

Allegretto	quite fast but not as fast as Allegro	moins rapide qu'Allegro	gemäßigt schnell
Andante doloroso	slow and sadly	allure modérée avec sentiment	in gemäßigtem Tempo und gefühlvoll
Andante espress.	at a walking pace and expressive	à allure de la marche et espressif	gehend
Blues	applies not only to the melancholy mood of many 'blues' pieces, but also in its unique scale, the main features of which are a flattened 7th and 3rd	style de jazz généralement lent utilisant une échelle 'blues'	meist langsamer Jazz-Stil unter Verwendung der „Buestonleiter"
Con espress.	with expression	expressif	ausdrucksvoll
Con moto	with movement	avec mouvement	mit Bewegung
Energetico	with energy	énergique	voller Energie
Largo e sostenuto	slow and sustained	lent et soutenu	langsam und gehalten
Modal	featuring the ancient scales based on the white notes of the keyboard	utilisant les gammes anciennes fondées sur les touches blanches du clavier	betrifft die alten Kirchentonarten, die auf den weißen Tasten aufgebaut sind
Semplice	simply	simplement	einfach
Legatissimo	very smoothly	très lié	sehr gebunden
Pentatonic	using a 5 note scale similar to the black notes on a keyboard	utilisant une gamme de 5 notes similaire aux touches noires du clavier	tonleiter aus 5 Tönen, die den schwarzen Tasten der Klaviatur entsprechen
Whole tone	employing the 6 note whole tone scale	employant les six notes de la gamme par tons	ganztonleiter aus 6 Tönen

Section 10 – Transpositions of a minor 3rd and perfect 5th. Chromatic and modal tonalities

Section 10 – Transposition de la 3ce mineure et de la 5te juste. Tonalités chromatiques et modales

Teil 10 – Transponieren um eine kleine Terz und reine Quinte. Chromatische und modale Tonleitern

For Horn in D
Transpose down a minor 3rd
into A♭ major

Cor en *ré*
Transposez une tierce mineure
en dessous, en *la♭* majeur

D-Horn
Eine kleine Terz abwärts
nach As-Dur transponieren

Transpose down a minor 3rd
into G minor

Transposez une tierce mineure
en dessous, en *sol* mineur

Eine kleine Terz abwärts
nach g-Moll transponieren

Transpose down a perfect 4th
into A minor

Transposez une quarte juste
en dessous, en *la* mineur

Eine reine Quarte abwärts
nach a-Moll transponieren

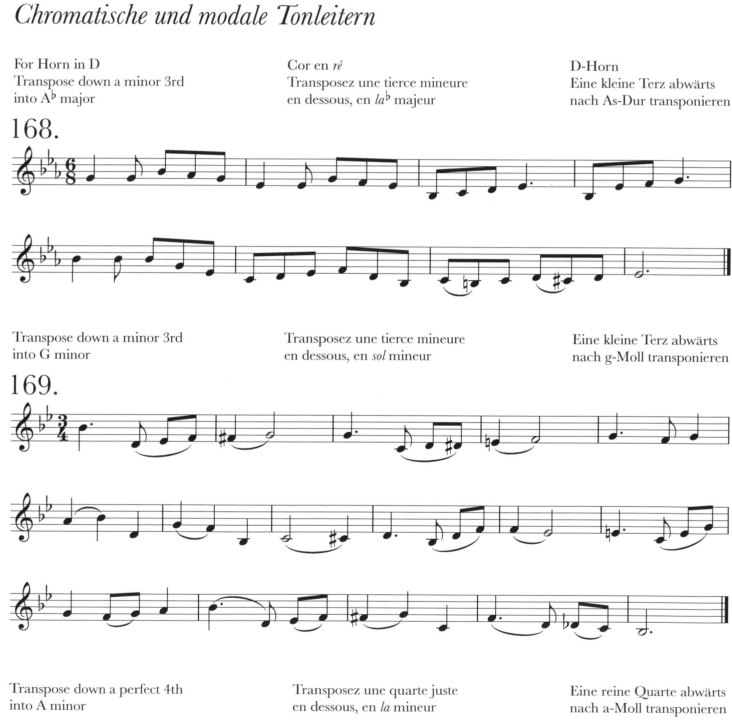

For Horn in B♭
Transpose down a
perfect 5th into B♭ major

Cor en *si*♭
Transposez une quinte juste
en dessous, en *si*♭ majeur

B-Horn
Eine reine Quinte abwärts
nach B-Dur transponieren

171.

Transpose down
a perfect 5th into F major

Transposez une quinte juste
en dessous, en *fa* majeur

Eine reine Quinte abwärts
nach F-Dur transponieren

172.

Transpose up a perfect 5th
into F major

Transposez une quinte juste
au-dessus, en *fa* majeur

Eine reine Quinte aufwärts
nach F-Dur transponieren

173.

Pentatonic

Mode pentatonique

Pentatonisch

174.

Modal

Modalité

Modal

175.

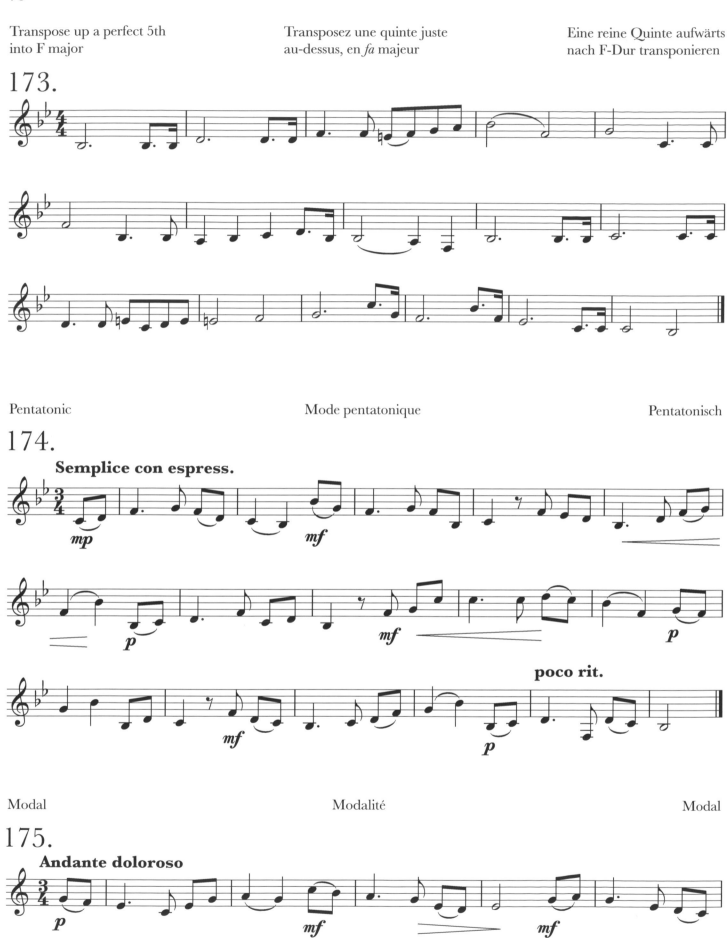

Blues   Blues   Blues

176.

Chromatic   Chromatisme   Chromatisch

177.

178.

179.

Modal   Modalité   Modal

180.

Whole tone   Tons entiers   Whole tone

181.

182.

Section 11 – Baroque to Atonal.
Double sharps and double flats

Section 11 – Du baroque à l'atonalité.
Doubles dièses et doubles bémols

Teil 11 – Vom Barock zur atonalen Musik.
Doppelkreuz und Doppel-Be

In this final section styles will range from Baroque to Atonal with a range of notes from low F$\sharp$ to high F, together with a range of keys and the use of both double sharps and flats.

Always scan a piece for **patterns**, **sequences**, **additional accidentals** and any **unusual features** as well as for the **key-signature**, **time-signature**, **rhythms** and assessing the **overall style** of the piece before you attempt to play it.

Always give your performances shape and expression appropriate to the style and performance directions.

Always play expressively and musically.

Dans cette section finale, les styles varient du baroque à l'atonalité sur une étendue de notes courant du *fa*$\sharp$ grave au *fa* aigu, et dans toute une série de tonalités utilisant jusqu'à 4 dièses et 4 bémols.

Dans chaque morceau que vous abordez, cherchez **toujours** à identifier les **motifs**, **séquences**, **altérations accidentelles** *et autres* **éléments inhabituels**, repérez **l'armure**, **la mesure**, **les rythmes**, et évaluez le **style général** du morceau avant de commencer à jouer.

Donnez toujours de l'allure et de l'expression à votre prestation, en lien avec le style et les indications de jeu.

Jouez toujours avec expressivité et musicalité.

Der letzte Teil enthält Stilrichtugen von Barock bis zur atonalen Musik mit einem Notenumfang vom tiefen Fis bis zum hohen F. Außerdem findest du verschiedene Tonarten sowie Doppelkreuz und Doppel-Be.

Achte vor dem Spielen **immer** auf **Patterns**, **Sequenzen**, **zusätzliche Versetzungszeichen** und **Besonderheiten** sowie auf die **Tonart**, **Taktart**, **Rhythmen** und den **Stil** des Stückes.

Achte immer darauf, dein Spiel interessant und dem Stil angemessen zu gestalten und die Vortragsangaben zu befolgen.

Spiele immer ausdrucksvoll und musikalisch.

82

Performance directions used in this section: *Indications de jeu utilisées dans cette section :*   *Vortragsangaben in diesem Teil:*

Adagio	slowly	lent	langsam
Ad lib.	in free time	tempo au choix de l'interprète	frei wählbares Tempo
Andante	at a walking pace	allant	gehend
Animato	animated	animé	angeregt
Atonal	having no key or tonality	sans tonique ni tonalité déterminée	ohne Grundton bzw. tonales Zentrum
Bossa nova	meaning 'new touch', a Latin dance style from Brazil	danse de type latino-américain venue du Brésil	Brasilianischer Tanzstil
Cantabile	in a singing style	chantant	gesanlich
Con brio	with vigour	avec éclat	mit feuer
Dim./diminuendo	gradually getting quieter	de plus en plus doux	allmählich leiser werdend
Dolce	sweetly, gently	doux	süß
Gavotte	an early dance form that begins at the half bar	danse animée en ternaire	lebhafter Tanz in zusammengesetzten Taktarten
Legato	smoothly	doucement	gebunden
Leggiero	lightly	léger	leggiero-leicht
Marc./marcato	marked	marqué	betont
Minuet	a classical dance in 3-time	menuet – courte et majestueuse danse à trois temps	kurzes, majestätisches Stück im 3/4-Takt
Minuetto	a small minuet	petit menuet	kleines Menuett
Poco a poco	little by little	peu à peu	nach und nach
Rit./ritenuto	gradually getting slower	ralentissant	allmählich langsamer werden
Ritmico	rhythmically	rythmique	rhythmisch
Sarabande	a stately, slow dance in 3-time, generally with an an accent placed on the 2nd beat	danse de cour lente à trois temps	langsamer höfischer Tanz
Simile *(sim.)*	similar	semblable	ähnlich
Sostenuto	sustained	soutenu	zurückhaltend
Spiritoso	spirited	avec esprit	geistvoll
Waltz	a 19th century dance in 3-time	danse à trois temps du 19e siècle	tanz aus dem 19. Jahrhundert im 3/4-Takt
Whole tone	using a 6 note whole tone scale	employant les six notes de la gamme par tons	ganztonleiter aus 6 Tönen

Section 11 – Baroque to Atonal.
Double sharps and double flats

Section 11 – Du baroque à l'atonalité.

Doubles dièses et doubles bémols

Teil 11 – Vom Barock zur atonalen Musik.

Doppelkreuz und Doppel-Be

183.

184.

Minuetto

185.

Ritmico

Minuet

186.

Andante

187.

Slow waltz

Whole tone   Tons entiers   Whole tone

188.

Con brio

Atonal   Musique atonale   Atonal

189.

Ad lib.

190.

Minuet

191.

192.

193.

194.

Glossary
Glossaire
Glossar

Note performance directions together with their translations used throughout the book so that you have a complete list. Writing them down will help you to remember them.

Inscrivez ici les indications d'exécution utilisées dans ce volume et leur traduction pour en établir une liste complète. Le fait de les noter vous aidera à les retenir.

Schreibe hier alle Vortragsangaben, die im Buch verwendet werden, zusammen mit ihren Übersetzungen auf, so dass du eine vollständige Liste hast. Das Aufschreiben wird dir dabei helfen sie einzuprägen.

Adagio	Slowly	Lent	Langsam
